LE

PATRIOTISME

DE LA BOURSE

PARIS

IMPRIMERIE DE L. TINTERLIN ET Cᵉ
rue Neuve-des-Bons-Enfants, 3.

LE

PATRIOTISME

DE

LA BOURSE

PARIS
E. DENTU, LIBRAIRE-ÉDITEUR
GALERIE D'ORLÉANS, 13, PALAIS-ROYAL

1860

PRÉFACE

Il est de mode de médire de la Bourse, et l'un des griefs le plus souvent articulés contre elle consiste à dire qu'elle manque de patriotisme, qu'elle a peu de souci de la gloire du pays, qu'elle monte quand notre honneur est en baisse *et vice versà*.

Quiconque a voulu élever la voix en faveur de la Bourse a été accusé de plaider une cause personnelle, et ni les injures, ni les sarcasmes ne lui ont été épargnés.

Je ne suis pas spéculateur, on peut m'en croire, mais je ne suis pas non plus de ceux qui se paient de mots ou que l'insuccès rebute ; j'ai voulu approfondir une question qui me semblait grave, je n'ai pas accepté aveuglément l'arrêt de condamnation prononcé par la foule, j'ai vu, j'ai lu, j'ai étudié et j'en suis arrivé à conclure contre l'opinion généralement admise.

Je ne me fais pas l'illusion de croire que ma brochure va réhabiliter la Bourse ; j'ai contre moi la majorité et une majorité prévenue, je le sais ; mais je n'ai jamais accepté que sous bénéfice d'inventaire les décisions des majorités, parce que le nombre n'est le plus souvent, à mes yeux, qu'une force brutale et inintelligente contre laquelle mon intelligence se révolte et, laissant de côté les lieux-communs que M. Ponsard a traduits en alexandrins redondants, je me propose de réduire à néant une accusation injuste, acceptée comme un axiome, ridicule comme un préjugé.

LE

PATRIOTISME

DE LA BOURSE

I

Qu'est-ce que le patriotisme

C'est l'amour de la patrie.

II

Qu'est-ce que la Bourse ?

C'est la halle à l'argent, absolument comme le monument de la rue de Viarmes est la halle au blé.

La ressemblance est à ce point frappante, que, dans les deux halles, on conclut des marchés semblables; et l'on peut dire, à l'avantage de la Bourse, que les opérations ou les manœuvres qui amènent la hausse ou la baisse, ne font de tort, en définitive, qu'aux joueurs qui se sont volontairement exposés aux chances de la hausse et de la baisse, tandis qu'à la halle au blé les mêmes manœuvres lèsent parfois les intérêts sacrés des consommateurs, et nous exposent, vous et moi, nous tous qui ne jouons pas à la halle au blé, et qui, cependant, mangeons du pain, à le payer un prix plus élevé qu'il ne vaut réellement.

III.

La Bourse doit-elle avoir du patriotisme?

Poser la question, c'est la résoudre.

La Bourse n'est pas, que je sache, un grand corps de l'État; elle n'a pas été créée pour légiférer; elle n'est pas chargée d'instruire ou de moraliser le peuple; elle ne se compose pas de fonctionnaires publics, soldats, prêtres ou administrateurs qui prêtent serment au chef de l'État, et qui, en échange de la rétribution qui leur est allouée, doivent leur temps, leur intelligence, leur dévouement à l'État.

La Bourse est une halle où le public vient vendre et acheter; on y conclut des marchés plus ou moins importants, plus ou moins loyaux, plus ou moins sérieux, là n'est pas la question, mais on n'y fait jamais acte de citoyen.

Or, qu'est-ce que la loi et l'État demandent au marchand?

Ils lui imposent l'obligation de ne pas tromper le public sur la quantité ou sur la qualité de la marchandise vendue.

Quand le marchand a satisfait à ces deux conditions principales, il est quitte envers la loi.

L'État ne lui demande pas de faire acte de patriotisme dans ses opérations commerciales, et il ne lui suffirait pas, je suppose, de livrer ses produits au-dessous du cours pour obtenir un brevet de civisme.

Pourvu qu'il ne trompe ni sur la quantité, ni sur la qualité de la marchandise vendue, le marchand a le droit de la vendre très-cher ou de la donner pour presque rien, si tel est son bon plaisir; d'exiger le paiement immédiat, ou d'accorder un long délai ; il peut garder sa marchandise au moment où elle abonde sur le marché pour s'en débarrasser seulement quand la rareté aura amené un enchérissement; il lui est permis de la transporter à l'étranger, alors même qu'elle fait défaut à l'intérieur ; en un mot, il a tous les droits possibles et des droits véritablement superbes dans les limites tracées par la loi, et quand il a acquis une fortune considérable, à l'aide de moyens plus ou moins innocents aux yeux de la morale, en usant ou même en abusant des circonstances, il est inscrit sur la liste des notables, il devient magistrat consulaire, juré, conseiller municipal ou maire, et la foule de dire : « L'habile « homme ! Quelle intelligence, quelle activité il a « su déployer. » On rappelle qu'il est parti de rien pour arriver à tout, on l'estime, on l'honore et il est invité aux soirées dansantes de M. le préfet ou de M. le sous-préfet.

Est-ce que l'État a jamais exigé de cet homme qu'il prouvât son patriotisme en vendant à bas prix, au comptant ou à terme ses denrées, ses habits ou ses bœufs ?

Est-ce qu'on lui fait, par hasard, un crime d'avoir élevé le prix de ses marchandises ou de les avoir exportées quand le pays en manquait ?

Ne ferait-il pas un procès en diffamation au concurrent jaloux qui l'accuserait d'avoir forfait à l'honneur et d'avoir manqué à tous ses devoirs de bon citoyen en réduisant ou en élevant ses prix, et ne gagnerait-il pas ce procès à coup sûr ?

Toute démonstration ici est inutile.

Évidemment cet homme ne doit rien à l'État, que de se conformer aux lois, et quand il a rempli toutes les obligations que la loi lui impose, il est affranchi de toute règle.

Si l'ambition lui est venue avec la fortune et qu'il ait voulu endosser la toge consulaire, s'il est juré, garde national, pompier ou conseiller municipal, il assume envers l'État et envers ses concitoyens une responsabilité dont il n'a pas ensuite le droit de s'affranchir ; mais encore cette responsabilité ne pèse sur lui qu'autant qu'il est dans l'exercice de l'une de ces fonctions, et dès qu'il a déposé la toque du juge, le fusil du garde national ou le casque du pompier ; dès qu'il est redevenu marchand comme devant, il recouvre son indépendance pleine et entière, il jouit de tous les droits et de toutes les libertés accordés par la loi, et l'État ne s'occupe plus guère de lui s'il ne professe pas des opinions avancées, s'il pense avec le docteur Pangloss que tout est pour le mieux dans le meilleur des mondes.

Cela posé, je me demande pourquoi l'on voudrait établir une distinction entre ce marchand et le boursier. Je cherche l'argument plausible sur lequel on peut se fonder pour imposer à celui-ci des obligations qui ne pèsent pas sur l'autre, et je serais curieux de savoir pourquoi l'homme qui opère à la Bourse, qui y achète des actions ou qui y vend des obligations, serait tenu d'apporter dans ces sortes d'affaires un patriotisme qu'on ne songe pas à exiger de l'homme qui vend son blé, son bœuf ou son vin.

L'un et l'autre font, en réalité, une opération identique. S'ils achètent ou s'ils vendent, c'est pour réaliser un bénéfice.

Est-ce que, par hasard, le marchand, au moment de conclure un marché, s'inquiète de ses devoirs de citoyen et sacrifie ses intérêts à une pensée de patriotisme ? Qui donc oserait l'affirmer ?

« Mais, dira-t-on, le Boursier n'est pas marchand, « il est joueur ; il vend ce qu'il n'a pas et il achète « une valeur dont il ne prendra pas livraison, il est » spéculateur et non marchand. »

Nous verrons tout à l'heure si, en acceptant ce raisonnement, nous devrions accepter aussi les conséquences qu'on en tire. Examinons d'abord le premier point, et voyons donc quelles sortes d'affaires on fait à la Bourse.

On y conclut trois sortes de marchés : le marché au comptant, le marché à terme et le marché à prime.

Je suppose qu'on ne relève aucun grief contre le marché au comptant et qu'on fait grâce au moins au spéculateur qui échange sur l'heure ses titres contre argent, ou son argent contre des titres.

Le marché à terme, s'il est répréhensible à la Bourse, le doit être partout. Si mes adversaires estiment qu'il est scandaleux et immoral de vendre le 1er janvier 3,000 fr. de rentes, livrables seulement le 31, j'aime à croire qu'ils voudront bien reconnaître que le scandale serait aussi grand et l'immoralité aussi profonde, si, au lieu de vendre des rentes, je vendais du vin, de l'huile, du blé et du coton.

Je sais bien que ce n'est pas tant à la forme qu'au fond et à la moralité du marché que l'on s'attaque. On ne reproche pas précisément au boursier de vendre, on lui fait un crime de savoir que les titres qu'il cède vont subir une dépréciation et alors on ne ménage plus ses expressions, on lui dit carrément qu'il a commis une mauvaise action.

Le mot est dur, mais les mots, même les gros mots ne prouvent absolument rien. Le boursier qui a la bonne fortune d'être informé avant tous d'un événement heureux ou désastreux et qui profite de ce renseignement pour acheter ou vendre, ne fait pas autre chose que ce qui se pratique tous les jours sur tous les marchés de l'univers, et s'il est aussi coupable en cela qu'on le prétend, je retiens l'argument, et je le retourne contre le négociant qui, prévenu par ses correspondants ou par une dépêche que la récolte du blé, du vin ou du colza est totalement perdue, se hâte d'acheter toute la marchandise disponible parce qu'il sait que la hausse se produira infailliblement.

Le même fait, le même événement peut provoquer deux genres d'opération, un achat d'un côté, une vente de l'autre ; mais les deux spéculations, comme toutes les spéculations du monde, tendent au même but, à enrichir ceux qui s'y livrent.

Le même désastre doit produire la hausse à la halle et la baisse à la Bourse, le boursier vend, le marchand achète; si l'un a mérité une peine, elle doit atteindre l'autre ; si l'un est coupable de profiter d'un renseignement inconnu du public, l'autre est exactement dans la même position, et il faut, de toute nécessité, ou les absoudre ou les condamner tous deux.

Reste le marché à prime, la plus simple et la plus loyale selon moi, de toutes les opérations qu'on ait imaginées.

En effet l'acheteur sait à l'avance ce qu'il perdra, et il sait qu'il le perdra si la hausse ne se produit pas. Quoi qu'il arrive, fût-ce même un cataclysme, il ne risquera jamais que les 100, 250, 500 ou 1,000 fr., qu'il a mis au jeu.

De son côté, et par une conséquence toute naturelle, le vendeur ne peut pas gagner plus que la valeur de la prime qu'il a vendue. Sa perte serait illimitée sans doute, si la hausse sur laquelle avait compté l'acheteur venait à se produire ; mais le cas serait absolument le même si, au lieu de vendre à prime il avait vendu à terme, et j'ai répondu plus haut aux objections élevées contre ces sortes de marchés.

Il faut donc l'avouer, les boursiers n'ont pas le monopole du jeu. Sauf le marché à prime, le plus loyal à mon sens, on se livre à la halle au blé, par exemple, aux mêmes opérations qu'à la Bourse. On y joue comme à la Bourse, avec cette différence toutefois, ainsi que je l'ai déjà dit, que les spéculations peuvent avoir pour résultat, à la halle au blé, de léser les intérêts des masses, tandis que les opérations de Bourse sont préjudiciables seulement à ceux qui s'y sont livrés volontairement.

Le marchand qui va chercher d'énormes quantités de grains à Odessa; celui qui accapare les laines d'Amérique, celui qui conserve dans ses celliers ou dans ses greniers la récolte de plusieurs années, et celui encore qui achète des marchandises livrables dans deux ou trois mois seulement, sont des spéculateurs et des joueurs; mais des joueurs plus dangereux que le boursier, car leur intérêt est toujours de provoquer la hausse au détriment du consommateur, tandis que le boursier trouve son compte indifféremment à la hausse et à la baisse et ne s'enrichit dans l'un et l'autre cas que de la perte de son adversaire, spéculateur et joueur comme lui.

Les uns et les autres spéculent et jouent; la seule différence à constater est que les uns ont spéculé sur des grains ou des eaux de vie pendant que les autres jouaient sur des actions ou des obligations.

Mais je vais plus loin. J'admets pour un instant la distinction que l'on veut établir, et je consens à reconnaître que le boursier ne peut pas être assimilé au marchand, que lui seul joue et spécule.

En résultera-t-il pour cela qu'il ait à remplir envers l'État des devoirs qui n'incombent pas au marchand ? et s'il ne trompe ni sur la quantité, ni sur la qualité des titres qu'il vend, s'il a recours au ministère d'un agent de change, comme la loi l'ordonne ; s'il acquitte l'impôt prélevé par l'État, est-ce que l'État pourra exiger de lui ce qu'il n'exige pas du marchand, c'est-à-dire qu'il fasse passer l'intérêt général avant le sien propre ?

Viendra-t-on lui demander de jouer et de spéculer patriotiquement ?...

En vérité, on touche ici à l'absurde.

Je me résume. Le fonctionnaire public se doit à son pays. Le soldat, le magistrat, l'administrateur, etc., etc., acceptent une mission qu'ils sont tenus de remplir fidèlement. Le député, le conseiller municipal, le juré, le garde national, etc., ont aussi une dette à acquitter envers l'État. L'électeur qui va déposer son bulletin de vote contracte lui-même une obligation morale envers le pays ; sans doute, il est ou doit être libre d'user comme bon lui semble du droit qui lui appartient, mais il n'est jamais libre de l'exercer sciemment contre les intérêts, l'honneur ou la sécurité de la nation, sinon il commet véritablement un acte de haute trahison, et la loi qui pourrait le frapper sans violer le secret du vote, sans porter atteinte à l'indépendance de l'électeur, serait une loi juste et morale.

Mais le magistrat, lorsqu'il vend ses récoltes ; le député, le maire, le garde national, l'électeur, lorsqu'ils trafiquent de leurs marchandises, ne sont plus ni magistrats, ni députés, ni électeurs, ils deviennent marchands, et comme tels ils ne doivent rien à l'État.

L'intérêt public s'efface alors et disparaît devant le leur, la loi leur permet d'aller au marché et même à la Bourse ; le Code pénal ne leur défend pas d'y faire fortune, et j'en connais beaucoup parmi les détracteurs de la Bourse, qui seraient ses plus chauds partisans s'ils y avaient gagné les millions qu'ils convoitent ; j'en connais même qui les cherchent ailleurs, à l'aide de manœuvres qui leur auraient fait interdire depuis longtemps et à tout jamais l'accès de la Bourse.

IV.

La Bourse a-t-elle du patriotisme ?

Après avoir démontré qu'il n'existe aucun motif sérieux d'exiger du boursier qu'il fasse intervenir le patriotisme dans ses opérations quand on ne l'exige pas du marchand, il me reste à examiner la question de savoir si le boursier mérite le reproche qu'on lui jette à la face et si, réellement, il manque de patriotisme.

Or je soutiens, contre l'opinion générale, que non-seulement le boursier est patriote, mais qu'il l'est par état, pour ainsi dire, et qu'il est obligé de s'inquiéter des intérêts du pays, de sa prospérité, de sa gloire ou de ses revers, tandis que le marchand peut éternellement vendre ou acheter sans jamais se préoccuper d'autre chose que de vendre le plus cher possible, ce qu'il a acheté le moins cher possible.

Il est permis au marchand d'ignorer ce qui se passe aux quatre coins de l'Europe et du monde, si les Turcs ou les Hongrois se soulèvent, si l'Italie est en froid avec l'Autriche et si nous-mêmes nous sommes en paix avec l'univers. Il lui suffit de trouver et d'allécher le client qui voudra de sa marchandise. Peu lui importe, pour nous servir d'une de ses expressions favorites, que « l'horizon politique s'obscurcisse » au Nord ou au Sud, à l'Est ou à l'Ouest ; ses magasins sont pleins, il s'agit de les vider, il sera toujours bien temps de s'émouvoir quand le canon retentira.

Un différend s'est élevé entre la France et une autre puissance, une circulaire ministérielle adressée à l'Europe semble annoncer l'orage ; le marchand n'en sait rien le plus souvent et ses affaires n'en souffrent pas.

Mais une feuille indiscrète vient lui dire à l'oreille qu'il « danse sur un volcan, » cesse-t-il, pour cela, de danser et change-t-il quelque chose à sa manière de procéder? Oui, si le journal lui a donné la chair de poule, il renonce momentanément à combler les vides qui se sont faits dans ses magasins, il court à la Bourse échanger ses valeurs contre espèces sonnantes, et le lendemain il maugrée de plus belle contre ces affreux boursicotiers qui s'enrichissent aux dépens du pauvre monde.

L'homme de Bourse, lui, a pour premier devoir de suivre attentivement la marche des affaires publiques. Sous peine de se fourvoyer, de commettre des erreurs qui amèneraient sa ruine, il faut qu'il sache si nous conservons des relations amicales avec toutes les puissances, si nous maintenons notre prépondérance, si nous sommes mêlés à une querelle ou si nous restons à l'écart. Il doit s'inquiéter de notre situation financière, s'enquérir des intentions du gouvernement, connaître et étudier les projets à l'étude. En un mot, il est pour ainsi dire obligé de confondre ses intérêts avec ceux de l'État et de régler sa conduite sur celle du gouvernement, car le succès de ses opérations dépend de la solution qui sera donnée à telle question politique ou financière, intérieure ou extérieure et, si le boursier était mal informé, ou bien encore s'il voulait réagir contre l'opinion, désapprouver ce qu'elle approuverait, il serait chèrement puni de sa faute et de sa négligence.

On fait un crime à la Bourse de baisser; l'on est même allé, dans certains cas, jusqu'à lui reprocher de monter. Je me trouve ici en présence de la grosse objection tirée de la hausse qui accueillit la nouvelle du désastre de Waterloo.

Je suis loin de nier qu'il y ait de prime abord quelque chose d'anormal à voir les fonds publics monter au lendemain d'un jour où la défaite de notre armée ouvrait à l'ennemi les chemins de la France; mais, pour juger sainement de la moralité de ce mouvement de Bourse, il faudrait, ce me semble, se reporter au moment où il se produisit et se rappeler les circonstances exceptionnelles qu'on traversait alors. Il importerait de savoir si la Bourse fut seule à interpréter de cette manière la perte de la bataille de Waterloo ; enfin il faudrait pouvoir affirmer que la nouvelle contraire n'aurait pas produit le même effet et que la hausse n'eût pas été plus considérable peut-être, si l'Empereur avait battu Wellington, si les héros de la vieille garde avaient triomphé de cette armée de la coalition que les bandes républicaines avaient repoussée, tambour battant, jusqu'au fin fond de l'Europe.

La baisse s'explique et se justifie plus aisément encore, et ce n'est, à mon sens, que par un renversement incroyable des lois de la justice et des notions du vrai qu'on peut s'en faire une arme contre la Bourse.

La baisse arrive dans deux cas (il est bien entendu que je parle seulement ici des grands mouvements et non des fluctuations insignifiantes qui se produisent à la Bourse comme sur tous les marchés.

Il va de soi aussi que je raisonne en thèse générale, sans me préoccuper de l'état actuel du marché financier).

La baisse arrive quand la Bourse a trop monté ; le simple bon sens indique, en effet, qu'elle ne peut pas monter toujours.

Quand toutes les valeurs ont été recherchées, quand tout le monde a acheté, il advient qu'à un moment donné, quelqu'un a besoin de vendre, et ce quelqu'un produit un mouvement de recul.

Le second cas où la Bourse baisse est celui où la situation semble devenir menaçante.

Si nous ne vivons plus en bonne intelligence avec toutes les puissances et s'il peut s'ensuivre une guerre, ou bien encore si une année de disette a jeté le désarroi dans le monde commercial et industriel, si des faillites colossales viennent, comme en 1847, compromettre ou seulement menacer la fortune des particuliers, les détenteurs de titres, les marchands dont je parlais tout à l'heure, se débarrassant en grande hâte de toutes les valeurs qu'ils ont en portefeuille, les offres affluent à la Bourse et la baisse arrive.

Les choses ne se passent pas autrement sur tous les marchés du monde et la situation que j'expose produit partout les mêmes effets.

A qui en est la faute quand c'est la disette qui se fait sentir avec ses tristes conséquences ? Et si c'est la guerre qui éclate, est-ce que ce sont les boursiers qui l'ont déclarée ? est-ce que la responsâbilité n'en revient pas tout entière au gouvernement ?

Sans doute, le gouvernement a pu être contraint de prendre les armes, si les intérêts du pays étaient compromis, si son honneur était en jeu. Dans ce cas il échappe à toute responsabilité, le pays lui fournit avec enthousiasme les millions dont il a besoin pour mettre ses armées en campagne, et la Bourse est la première à le seconder de toute sa puissance.

Mais la guerre n'en est pas moins la guerre, c'est-à-dire une crise terrible qui arrête les affaires, qui tue le commerce et l'industrie, et alors même que la nation prête son argent à l'État pour soutenir la lutte, elle sait fort bien que cette lutte peut se prolonger longtemps et se terminer à notre désavantage. Alors, elle prend les précautions indiquées par la plus vulgaire prudence, chacun cherche à sauvegarder sa fortune, chacun s'empresse de *réaliser*, la Bourse est encombrée de titres et la Bourse baisse.

J'ai dit que la même cause produisait le même effet sur tous les marchés du monde, je me suis trompé.

A ces moments de crise où toutes les valeurs et les marchandises dépréciées sont offertes au-dessous des cours de paix, le pain augmente, le salpêtre, si commun pourtant, enchérit ; le prix du charbon s'élève; les chevaux doublent de valeur. Osera-t-on prétendre que c'est l'effet du patriotisme? Singulier patriotisme, en vérité, que celui qui consiste à profiter d'un malheur public pour édifier sa propre fortune et n'est-ce pas ici ou jamais le cas de parler des fortunes scandaleuses !

Le boursier qui avait eu confiance dans la sagesse du gouvernement, qui avait voulu contribuer pour sa part à la prospérité générale et qui avait pris les actions d'une grande voie ferrée, d'une grande entreprise commerciale, maritime ou industrielle, ce boursier peut être ruiné quand la baisse arrive, et c'est à ce moment que le marchand vient lui acheter ses titres parce qu'il sait bien qu'au retour de la paix la hausse se produira.

C'est à ce moment aussi que le marchand élève le prix de son charbon et de ses chevaux ; il expose le pays à manquer des ressources nécessaires pour soutenir la guerre, et si le patriotisme des citoyens met le gouvernement à même de suffire aux dépenses excessives résultant de cet amour immodéré du lucre, la dette publique augmente , l'État est obligé de prélever de nouveaux impôts, les charges qui pèsent sur le peuple deviennent plus lourdes.

Mais le marchand grandit dans l'estime publique en raison directe de l'accroissement scandaleux de sa fortune, et le boursier reste boursicotier, même s'il est ruiné.

Ainsi va le monde. O majorité, voilà bien de tes coups !

HENRI GRIGNAN.

FIN

www.ingramcontent.com/pod-product-compliance
Ingram Content Group UK Ltd.
Pitfield, Milton Keynes, MK11 3LW, UK
UKHW020459230726
13925UKWH00005B/2031

9 782013 560375